AF381070

Herstellung und Verlag:
BoD - Books on Demand, Norderstedt
ISBN-Nr. 9783757853457

Ein Fantasiebildnis von Johannes Gutenberg des 16. Jahrhunderts.
Authentische Abbildungen von Gutenberg gibt es nicht.

Dieter Seppelt

Ein Vivat auf die Schwarze Kunst

Lobesreden auf die Buchdruckerkunst
im Lauf von fünf Jahrhunderten

Eine Buchdruckerei um 1520

Es war am 17. Oktober 1448, als Johannes Gutenberg sich von seinem Vetter Arnold Gelthus 150 Gulden lieh, um seine neuen, technischen Ideen in die Tat umsetzen zu können. Seine Erfindung war so einfach wie genial: Ein Text wurde in seine kleinsten Bestandteile aufgelöst, d. h. in die 26 Buchstaben des lateinischen Alphabetes, und durch die Neuordnung der Einzellettern entstand ein jeweils neuer, sinnvoller Text. Waren Jahrhunderte lang Texte vervielfältigt worden, indem sie vollständig und fortlaufend abgeschrieben wurden, so mussten jetzt nur die Buchstaben des Alphabets geschnitten und gegossen werden und standen dann für beliebige Texte immer wieder neu zur Verfügung.

Auch der zweite Gedanke war so einfach wie revolutionär: Statt wie in Ostasien die Farbe durch Abreiben der Papiere aufzutragen, nutzte Gutenberg die physikalischen Gesetze der Obst- oder Weinpresse, um mit einem hohen und gleichmäßigen Druck die Farbe von den eingefärbten Typen auf die angefeuchteten Papiere zu übertragen.

Ganz schnell hatte man den Nutzen und die Tragweite dieser Erfindung erkannt und mit voller Begeisterung wurde Gutenberg für seine Erfindung geehrt und gelobt. Und das nicht nur zu seinen Lebzeiten. Lobesreden auf die Buchdruckerkunst gab es bis ins 20. Jahrhundert hinein, war es doch die einzige Technik, Geist, Ideen, Entdeckungen und Gesetzestexte schnellstens zu verbreiten.

In diesem Buch sind Lobreden und Ehrungen von Persönlichkeiten aus fünf Jahrhunderten zusammengetragen worden. Eine Sammlung von Lobreden zu Ehren Johannes Gutenbergs und seiner Kunst, der Buchdruckerkunst.

Aber nicht nur die Lobreden werden hier aufgeführt, auch deren Urheber werden vorgestellt, damit wir uns ein Bild machen können, welche Person oder Persönlichkeit sich hinter dem Namen des Laudators, der Laudatorin, verbirgt.

Auf keine Erfindung können wir Deutsche so stolz sein als auf die des Bücherdrucks, die uns zu neuen geistigen Trägern der Lehren des Christentums, aller göttlichen und irdischen Wissenschaft und dadurch zu Wohltätern der Menschheit erhoben hat.

Welch ein anderes Leben regt sich jetzt in allen Klassen des Volkes. Wie ehemals die Sendboten des Christentums hinauszogen, so ziehen jetzt die Jünger der heiligen Kunst aus Deutschland in alle Lande aus, und ihre gedruckten Bücher werden gleichsam Herolde des Evangeliums, Prediger der Wahrheit und der Wissenschaft.

Jakob Wimpfeling

Glücklicher Gensfleisch, durch dich ist Deutschland glücklich geworden, überall in der Welt bringt man dir Preis und Lob.

Du, Johannes, erfandest in Mainz mit göttlicher Hilfe diese Zeichen zuerst: Eherne Typen zum Druck.

Vieles verdankt dir der Glaube und vieles die Weisheit der Griechen, und es schuldet dir viel auch die Sprache von Rom.

Jakob Wimpfeling

Jakob Wimpfeling, geboren am 27. Juli 1450 in Schlettstadt (Elsass), war ein katholischer Priester, Dichter, Pädagoge und Historiker des Deutschen Humanismus.

Nach dem Studium in Freiburg i.Br. und Erfurt erwarb er in Heidelberg 1470 den Magistergrad, 1478 das Baccalaureat der Theologie und war 1481/82 Rektor der Universität.

Ab 1483 war er Domprediger in Speyer, 1498 bis 1501 nochmals Professor in Heidelberg.

In den folgenden Jahren lebte er in verschiedenen Städten, darunter Freiburg, Basel und Straßburg. 1515 zog er sich nach Schlettstadt zurück, wo er am 17. November 1528 starb.

Jüngst haben rheinischer Geist und rheinischer Kunstfleiß gemeinsam Bücher zum Lichte gebracht, Bücher im Überfluss. Und was einst nur die Reichen, was kaum ein König besessen, in dem bescheidensten Haus, trifft man es jetzo: das Buch. Dank sei vorerst den Göttern, nächst ihnen wie billig den Druckern Dank, deren Mühen zuerst fand diesen

Sebastian Brant, geboren 1457 (oder 1458) und gestorben am 10. Mai 1521 in Straßburg, war ein deutscher Humanist, Jurist und Professor für Rechtswissenschaft an der Universität Basel (1489 bis 1500) sowie von 1502 bis zu seinem Tod Stadtsyndikus und Kanzler der Freien Reichsstadt Straßburg. Die von ihm 1494 veröffentlichte Moralsatire „Das Narrenschiff" begründete seinen Ruhm als Autor des deutschen Humanismus.

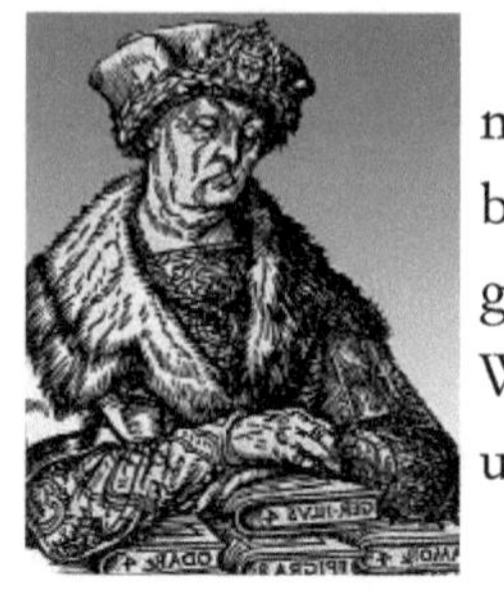

Conrad Celtis mit dem Beinamen Protucius (geboren am 1. Februar 1459 in Wipfeld am Main, gestorben am 4. Februar 1508 in Wien) war ein deutscher Humanist und Dichter.

Der Name Celtis ist die nach Humanistenbrauch vorgenommene Latinisierung des Familiennamens Bickel oder Pyckell, wohl nach dem Werkzeug, dem sog. Pickel des Winzers.

Der Wettstreit, sagt Hesiod [1]), ist ein Segen für die Sterblichen. Dieser Ausspruch findet unsere Billigung, wenn wir den Wetteifer sehen, mit dem Handwerker oder Nachbarn nach Wohlstand trachten. Aber weit verdienstvoller ist dieser edle Kampf, wenn wir Buchdrucker uns um die Wette bemühen, durch die sorgfältigste Ausgabe der besten Bücher nicht allein andere, sondern uns selbst zu übertreffen, ein Sieg, der Plato [2]) der schönste zu sein dünkt.

Erasmus von Rotterdam

1) Hesiod, * vor 700 v. Chr. war ein griechischer Dichter, der als Ackerbauer und Viehhalter lebte. 2) Plato, *428 oder 427 v. Chr. in Athen oder Aigina, †348/347 v. Chr. in Athen, war ein griechischer Philosoph.

Erasmus von Rotterdam (am 28. Oktober 1466/67/69(?) in Rotterdam geboren, gestorben am 11./12. Juli 1536 in Basel) war ein niederländischer Universalgelehrter: Theologe, Philosoph, Philologe, Priester, Autor und Herausgeber von über 400 Büchern und

Schriften. Er ist der bekannteste Renaissance-Humanist und war ein einflussreicher Kirchenreformer.

Als kritischer Denker seiner Zeit zählt Erasmus von Rotterdam, der auch als „Fürst der Humanisten" bezeichnet wird, zu den Wegbereitern der europäischen Aufklärung.

Seine Wirkung reicht bis in die heutige Zeit.

Fürwahr, der Erfinder der Buchdruckerkunst verdient, von allen Musen, von allen Künsten und von den Zungen aller Bücherliebhaber mit göttlichem Lob gepriesen zu werden. Denn Gutenberg hat Nützlicheres und Glücklicheres erfunden als Bacchus, der Schöpfer des Weins, und Ceres, die Spenderin der Feldfrüchte; denn er hat Buchstaben so hergestellt, dass man alles, was gedacht und gesagt werden kann, in kürzester Frist festzuhalten und dem Gedächtnis der Nachwelt zu überliefern vermag.

Guillaume Fichet

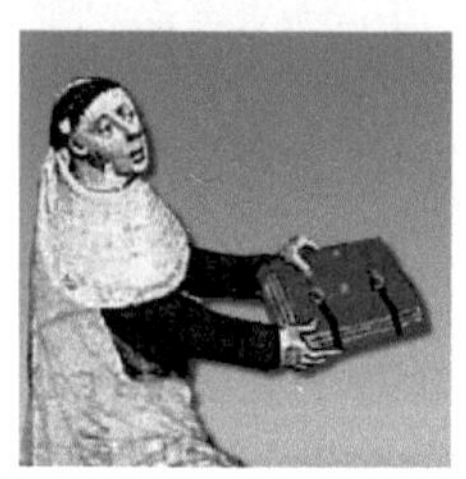

Guillaume Fichet (geboren am 16. September 1433 in Le Petit-Bornand-les-Glières, Savoyen, gestorben um 1480 in Rom) war ein französischer Theologe und Humanist. Er wurde 1461 Prior der Sorbonne in Paris und im Jahr 1467 Rektor.

Ab 1470 war er Professor für Rhetorik und Universitätsbibliothekar. Fichet errichtete 1470 die erste Druckerpresse in Frankreich, war Botschafter von Ludwig XI., später Kammerherr von Papst Sixtus IV.

Die hohen Wohltaten der Buchdruckerei sind mit Worten nicht auszusprechen. Durch sie wird die Heilige Schrift in allen Zungen und Sprachen eröffnet und ausgebreitet, durch sie werden alle guten Künste und Wissenschaften erhalten, gemehret und auf unsere Nachkommen fortgepflanzt.

Martin Luther

Martin Luther ist am 10. November 1483 in Eisleben, Grafschaft Mansfeld geboren und ebenfalls dort am 18. Februar 1546 gestorben. Er war ein deutscher Augustinermönch und Theologieprofessor, der zum Urheber der

Reformation wurde. Luther sah in Gottes Gnadenzusage und der Rechtfertigung durch Jesus Christus die alleinige Grundlage des christlichen Glaubens.

Auf dieser Basis wollte er damalige Fehlentwicklungen der Römisch-katholischen Kirche beseitigen und sie in ihrer ursprünglichen evangelischen Gestalt wiederherstellen („reformieren"). Entgegen Luthers Absicht kam es im Lauf der Reformation zu einer Kirchenspaltung, aus der evangelisch-lutherische Kirchen und weitere Konfessionen des Protestantismus entstanden.

Die Lutherbibel sowie Luthers Theologie und Kirchenpolitik trugen zu tiefgreifenden Veränderungen der europäischen Gesellschaft und Kultur in der frühen Neuzeit bei. Nicht zuletzt hat Luther die Entwicklung der neuhochdeutschen Sprache entscheidend beeinflusst.

ie Buchdruckerei ist fürwahr eine Kunst von Gott, dem Menschen mitgeteilt. *Philipp Melanchthon*

Philipp Melanchthon (eigentlich Philipp Schwartzerdt, geboren am 16. Februar 1497 in Bretten, gestorben am 19. April 1560 in Wittenberg) war neben Martin Luther der wichtigste kirchenpolitische Akteur und theologische Autor der Wittenberger Reformation.

Melanchthon begleitete Luther 1519 zur Leipziger Disputation und profilierte sich danach als dessen Parteigänger.

Da Luther als Geächteter in seinen Reisemöglichkeiten eingeschränkt war, vertrat Melanchthon die Wittenberger Positionen bei Reichstagen und Religionsgesprächen.

Lange galt er vor allem als Mitarbeiter Luthers. Die neuere Forschung nimmt stärker die Eigenständigkeit seines Denkens wahr. Als Bildungsreformer trug Melanchthon zur Etablierung der heutigen Naturwissenschaften an den Universitäten bei.

escheid gibt, was von Mund zu Mund, von Stamm zu Stamm dem Volk wart kund: So stützen wir des Druckens Ruhm lobpreisend edles Druckertum, dess Können wahrlich wert zu weihen zu Tempeln alle Druckereien.

Oh Kunst, hochtrabend dir zur Ehr, läuft meine Feder schnell einher, dir dankend, die, da sie errichtet, sich den Parnass so tief verpflichtet.

Oh Mutter von unzähl'gen Kindern, wer kann dein Fruchtbarsein verhindern?

Verwerflich, was nach Bosheit trachtet, ist dieser Kunst, die Gutes achtet.

Gleich ihren Schwestern allgemein dient sie in Wahrheit Gott allein.

Zu niemand's Arg, dem Mensch zu Werk war des Erfinders Augenmerk.   *Joost van den Vondel*

Joost van den Vondel (am 17. November 1587 in Köln geboren, am 5. Februar 1679 in Amsterdam gestorben) war ein niederländischer Dichter und Dramatiker. Er wird neben Anderen als der bedeutendste Dichter des Goldenen Zeitalters der Niederlande angesehen.

Martin Opitz

Martin Opitz (1628 geadelt zu „Opitz von Boberfeld", wurde am 23. Dezember 1597 in Bunzlau, Herzogtum Schweidnitz-Jauer in Schlesien geboren und starb am 20. August 1639 in Danzig.

Martin Opitz war der Begründer der Schlesischen Dichterschule, ein deutscher Dichter sowie ein bedeutender Theoretiker des Barock und des Späthumanismus.

Friedrich von Logau

18

Friedrich von Logau (geboren am 24. Januar 1605 in Brockuth bei Nimptsch, Herzogtum Brieg, gestorben am 24. Juli 1655 in Liegnitz) entstammte dem schlesischen Adelsgeschlecht von Logau und war ein deutscher Dichter und Epigrammatiker des Barocks.

orzeiten rühmten sich die Poeten, dass sie durch ihre Schriften den abgestorbenen Helden, ihre Taten belobend, können das Leben wieder geben.
Aber es war ein eitler Ruhm, und diese Lebensgeber wären längst abgestorben, wenn sie die Buchdruckerkunst nicht hätte vom Tode errettet.   *Sigmund von Birken*

Sigmund von Birken (auch Sigismund von Birken, geboren am 25. April 1626 in Wildstein bei Eger, gestorben am 12. Juni 1681 in Nürnberg) war ein protestantischer deutscher Dichter, Schriftsteller und Übersetzer des Barock.

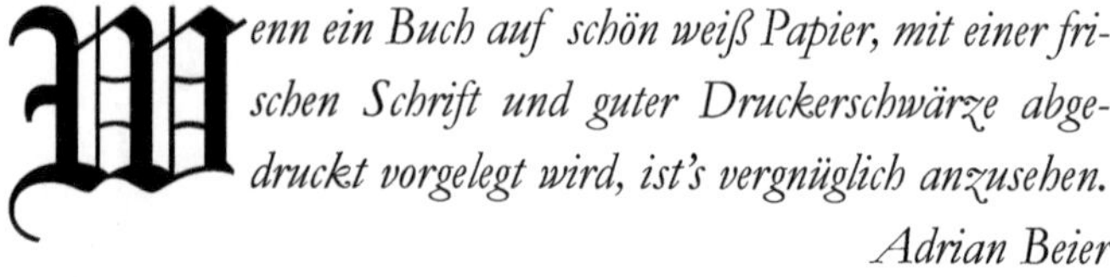

Adrian Beier der Jüngere, (geboren am 29. Januar 1634 und gestorben am 12. Mai 1712 in Jena) war ein deutscher Jurist. Er studierte in seiner Heimatstadt, immatrikulierte sich dann an der Universität Leipzig, der Universität Wittenberg, der Universität Rostock und bezog dann Leyden, um Jura zu studieren.

In seiner Zeit verfasste er neben den allgemeinen üblichen Arbeiten zum allgemeinen Recht, auch Ausführungen zum Handwerksrecht. Damit verdiente er sich den bis zum 18. Jahrhundert anhaltenden Ruf als Handwerkerjurist.

den gelehrten Leuten einen unsterblichen Namen schmiedet. Sie ist diejenige, so den schon längst geführten Wandel auf Erden, sowohl Christi des Herrn als seiner Heiligen, uns mit lebendigen Farben entwirft und folgsam einen Weg weiset zu allen Tugenden.

Abraham a Sancta Clara

Durch Buchstabenkunst wird uns im Leben viel Nutzen an die Hand gegeben, ja, gar ein Stab zu Gottes Thron.
Doch muss man Gold von Schlacken scheiden und bei der Kunst den Missbrauch meiden, sonst wird verscherzt der Weisheit Kron.

Abraham a Sancta Clar

Abraham a Sancta Clara (Ordensname) wurde am 2. Juli 1644 als Johann Ulrich Megerle in Kreenheinstetten, in der Schwäbischen Alb geboren, gestorben ist er am 1. Dezember 1709 in Wien. Er war ein deutscher römisch-katholischer Geistlicher, Prediger und Schriftsteller und gilt mit rund 600 Einzelschriften als bedeutendster deutscher katholischer Prediger und Poet der Barockzeit.

21

Die nutzbare Buchdruckerei-Kunst ist das letzte Wunderwerk, so der gute Gott der Welt geschenkt hat. Sie ist eine Mutter und Säugamme aller Künste, eine stumme Lehrmeisterin der Unwissenden, eine Königin der Schreiberei-Kunst, eine Heroldin der Ehre und des Ruhms, die beste Ratgeberin und Freundin der Gelehrten und eine mächtige Beschützerin wider die Sterblichkeit; vor welche wir billig Gott danken, die Erfinder auch nach dem Tode rühmen und einen Abscheu haben sollten, diese edle Wissenschaft zu liederlichen Händeln, wie leider oft geschieht, zu missbrauchen und dero so herrlichen Ruhm ganz unverantwortlich zu beflecken.

Christoph Weigel

Christoph Weigel der Ältere wurde am 9. November 1654 in Redwitz geboren und starb am 5. Februar 1725 in Nürnberg. Weigel war ein deutscher Kupferstecher, Kunsthändler und Verleger.

Christoph Weigel erlernte die Kunst des Kupferstechens in Augsburg. Eines seiner wichtigsten Werke ist das Ständebuch von 1698. Darin schilderte und beschrieb er mehr als zweihundert

22

Handwerks- und Dienstleistungsarten, jeweils illustriert durch einen Kupferstich.

Eine einzige Erfindung ist genug, Deutschland die größte Ehre zu machen, wenn es gleich sonst nichts aufzuweisen hätte. Die Buchdruckerkunst, die edle Buchdruckerkunst ist es, was Deutschland so viel Ruhm gebracht, als kein anderes Volk von seinen Erfindungen erlangt hat, oder jemals hoffen kann. Die Gelehrsamkeit, der Staat und die Religion selbst haben durch ihre Hilfe eine ganz andere Gestalt gewonnen.

Wo werde ich aber Worte genug hernehmen, den vortrefflichen Wert und ungemeinen Nutzen der Buchdruckerkunst recht darzutun? So vielfältig der Nutzen eines warmen Frühlingstages ist, der die Felder und Saaten erquickt, Anger und Auen befeuchtet, die brennende Hitze der Luft abkühlt, ungesunde Dienste niederschlägt, wilde und zahme Tiere erfrischt und den Menschen selbst mit der süßen Hoffnung einer fruchtbaren Ernte labt: ebenso mannigfaltig ist auch unstreitig der Nutzen dieser neu erfundenen Kunst gewesen.

Welcher Stand, welches Geschlecht, welches Alter, welches Land, welche Hand hat nicht unbeschreibliche Vorteile davon erhalten? Wie viele Irrtümer sind nicht seit der Zeit aus der *gelehrten Welt verbannt, wie viele Fabeln verworfen, wie viele Lücken ergänzt, wie viel alte Wahrheit von neuem bestätigt, wie viele neue entdeckt worden!*

Und das alles hat man dir allein zu danken, oh du edle, du nie genug zu preisende Buchdruckerkunst!

Johann Christoph Gottsched

Johann Christoph Gottsched (am 2. Februar 1700 im Herzogtum Preußen in Juditten geboren und am 12. Dezember 1766 in Leipzig gestorben) war deutscher Schriftsteller, Dramaturg, Sprachforscher und Literaturtheoretiker sowie Professor für Poetik, Logik und Metaphysik der Aufklärung.

Die Buchdruckerkunst entreißt alle anderen Künste und Wissenschaften dem Untergange, sie unterrichtet in den Grundsätzen der Religion und der Sitten, und sie verewigt edle Handlungen redlicher Männer in allen

Ständen. Sie stiftet also sehr viel Gutes, und diese Früchte, welche sie hervorbringt, beweisen den unschätzbaren Wert derselben.

Aber sie tut dieses nur in der Hand eines rechtschaffenen Mannes, und in der Hand eines Bösen ist sie ebenso fähig, Böses zu stiften.   *Johann Gottlob Immanuel Breitkopf*

Johann Gottlob Immanuel Breitkopf (geboren am 23. November 1719 und gestorben am 28. Januar 1794 in Leipzig) war ein deutscher Musikverleger und Typograf. Er war der Sohn des Verlegers Bernhard Christoph Breitkopf, der das Verlagshaus Breitkopf & Härtel gründete.

Breitkopf entwarf Schriften, darunter die bedeutende Breitkopf-Fraktur. Er revolutionierte auch den Musiknotensatz, indem er die Drucktypen in kleinere Segmente zerlegte.

Im Anschluss an den Musiknotensatz entwickelte Breitkopf den Plan, auch Landkarten typographisch herzustellen. Diesen Plan stellte er 1777 in der Schrift „Über den Druck der geographischen Charten" einer breiteren Öffentlichkeit vor.

Keine andere Kunst hat ja mehr Berechtigung, ihren Blick auf die zukünftigen Jahrhunderte zu richten als die Typografie. Denn, was sie heute schafft, kommt der Nachwelt nicht weniger zugute als der lebendigen Generation. *Giambattista Bodoni*

Ein Buch wird umso mustergültiger, je reiner die einfache Schönheit der Typen in ihm zur Wirkung kommt. Aus ihr spricht, in ihr beruht, mit einem Worte, der Ruhm der Buchkunst. Und das mit Recht, denn einzig die Typen bestehen notwendig ganz durch sich selbst, alles Übrige aber erst durch sie. Möchte doch diese Kunst, sinnvoll, nützlich und schön wie sie ist, auch allenthalben mit der ihrer würdigen Geschicklichkeit und Liebe geübt, mit Geschmack und gutem Urteil gefördert werden. *Giambattista Bodoni*

Giambattista Bodoni (geboren am 16. Februar 1740 in Saluzzo, Piemont, gestorben am 29. November 1813 in Parma) war ein italienischer Stempelschneider (Graveur), Buchdrucker, Typograf und Verleger.

Bodoni gilt als bester Buchgestalter des Klassizismus und hat für nahezu jedes von ihm gedruckte Werk eine neue Schriftart geschaffen.

Die Buchdruckerkunst ist doch fürwahr eine Art Messias unter den Erfindungen.

Georg Christoph Lichtenberg

Mehr als das Gold hat das Blei die Welt verändert. Und mehr als das Blei in der Flinte das Blei im Setzkasten. *Georg Christoph Lichtenberg*

Georg Christoph Lichtenberg ist am 1. Juli 1742 in Ober-Ramstadt geboren und am 24. Februar 1799 in Göttingen gestorben. Er war ein Physiker, Naturforscher, Mathematiker, Schriftsteller und der erste deutsche Professor für Experimentalphysik im Zeitalter der Aufklärung.

ach so vielen anderen eine Lobrede der Buchdruckerei zu halten, wäre ein sehr unnötiges Werk; wir wissen alle, was wir an ihr haben. Nur durch sie, erst durch sie ist zusammenhängende und verglichene Erfahrung des menschlichen Geschlechts, Kritik, Geschichte und eine Welt der Wissenschaft geworden. *Johann Gottfried Herder*

Johann Gottfried Herder, ab 1802 von Herder (geboren am 25. August 1744 in Mohrungen, Ostpreußen, gestorben am 18. Dezember 1803 in Weimar), war ein deutscher Dichter, Übersetzer, Theologe sowie Geschichts- und Kultur-Philosoph der Weimarer Klassik. Er war einer der einflussreichsten Schriftsteller und Denker deutscher Sprache im Zeitalter der Aufklärung.

ie Buchdruckerkunst ist ein Faktum, von dem ein zweiter Teil der Welt- und Kunstgeschichte datiert, welche von dem ersten ganz verschieden ist; daher wir

*Gott segne Kupfer, Druck und jedes andere vervielfälti-
gende Mittel, so dass das Gute, was einmal da war,
nicht wieder zu Grunde gehen kann.*

Johann Wolfgang von Goethe

Johann Wolfgang Goethe, ab 1782 von Goethe ist am 28. August 1749 in Frankfurt am Main geboren und am 22. März 1832 in Weimar gestorben.

Er war ein deutscher Dichter, Politiker und Naturforscher. Er gilt als einer der bedeutendsten Schöpfer deutschsprachiger Dichtung.

Die ersten Anerkennungen in der Welt der Literatur erzielte er 1773 mit dem Drama „Götz von Berlichingen", das ihm nationalen Erfolg eintrug, und 1774 mit dem Briefroman „Die Leiden des jungen Werthers", dem er sogar europäischen Erfolg verdankte.

*ie Buchdruckerei ist eine so edle und nützliche Kunst, dass man bei denen, welche sie ausüben, einen gewissen Grad von Kultur voraussetzen sollte.*

Johann Friedrich Unger

Johann Friedrich Gottlieb Unger, im August 1753 in Berlin geboren und am 26. Dezember 1804 auch dort verstorben, war ein deutscher Drucker, Typograf und Holzschneider. Auf seine Initiative geht u.a. die einflussreiche Don-Quijote-Übersetzung von Ludwig Tieck zurück, die zwischen 1799 und 1801 in Berlin erschien. 1790 wurde Unger zum Mitglied der Akademie der Künste gewählt; ab 1800 besetzte er dort die für ihn geschaffene Professur für Holzschneidekunst. 1798 begann Unger mit dem Aufbau einer eigenen Notengießerei.

*ndem der Druck das Eigentümliche und Persönliche der Handschrift vernichtet, tritt er in einen weiteren Kreis und fordert allgemeine Geltung. Daher seine*

Wilhelm Carl Grimm (geboren am 24. Februar 1786 in Hanau und am 16. Dezember 1859 in Berlin gestorben) war ein deutscher Sprach- und Literaturwissenschaftler sowie Märchen- und Sagensammler. Sein Lebenslauf und sein Werk sind eng mit dem seines ein  Jahr älteren Bruders Jacob Grimm verbunden, worauf die oft gebrauchte Bezeichnung „Brüder Grimm" hinweist.

Bis Gutenberg war die Baukunst die allgemeine Weltschrift, bis ins 15. Jahrhundert war sie die umfassende Chronik der Menschheit. Im 15. Jahrhundert wird alles anders. Der menschliche Geist entdeckt, sich zu verewigen, ein Mittel, das nicht nur dauerhafter und widerstandsfähiger ist als die Baukunst, sondern auch einfacher und handlicher. Die Baukunst wird entthront. Auf des Orpheus steinerne Schrift folgt die bleierne Gutenbergs.

Die Erfindung der Buchdruckerkunst ist das größte Ereignis der Geschichte, allen Umsturzes Mutter, Erneuerung menschlicher Ausdrucksmittel von Grund auf. Als Druck ist der Gedanke unvergänglicher denn je, beflügelt, ungreifbar, unzerstörbar, ein Bestandteil der Luft.

Wer sähe nicht (um es noch einmal zu sagen), dass er in dieser Gestalt gänzlich unzerstörbar ist? War er vordem dauernd durch seine gebundene Schwere, so ist er nun durch Beweglichkeit unsterblich. Einen Berg kann man auseinanderreißen, wie aber will man ausrotten, was überall ist?   *Victor Hugo*

Victor-Marie Vicomte Hugo (geboren am 26. Februar 1802 in Besançon, gestorben am 22. Mai 1885 in Paris) war ein französischer Schriftsteller und Politiker.

Er verfasste Gedichte sowie Romane und Dramen und betätigte sich als literarischer, aber auch politischer Publizist. Mehrfach war er als Abgeordneter oder Senator auch direkt politisch aktiv. Neben Molière, Voltaire oder Balzac gilt er vielen Franzosen als ihr größter Autor.

Sein Schaffen kann teils der Romantik, teils dem Realismus zugeordnet werden.

Was die Menschheit je in Kunst, Wissenschaft, Handel und Gewerbe Gutes und Taugliches erfahren hat, kann zum Heile aller folgenden Zeiten fast unvertilglich aufbewahrt werden, und was die Menschen Törichtes und Schlechtes taten, kann man auch zur Wahrung für die Zukunft in der Schrift hinterlegen.

Durch die Schrift und den Bücherdruck hat eigentlich der menschliche Geist erst die Welt erobert.   *Adalbert Stifter*

Adalbert Stifter, ist am 23. Oktober 1805 in Oberplan, Böhmen geboren und am 28. Januar 1868 in Linz gestorben. Er war ein österreichischer Schriftsteller, Maler und Pädagoge. Er zählt zu den bedeutendsten Autoren des Biedermeier.

Vom Osten goss das Licht sich auf die Erde, woran der Süd den Strahl der Kunst entflammte, im Westen rief der neuen Bildung Werde die alte Kraft auf, die dem Nord entstammte.

In dir, oh Deutschland, hatte sich's durchdrungen, du Herz der Welt, was nun die Welt beseelt, dir ist das dauernd Herrlichste gelungen.

Du gabst Bestand dem Zeugnis aller Zungen, von dir aus ward der Typen Band geschlungen, dass Geist und Herz verewigt und vermählt.

Dass sich der Menschheit großes Werk vollende, reicht euch, ihr Völker, brüderlich die Hände!

Ernst Freiherr von Feuchtersleben

Ernst Maria Johann Karl Freiherr von Feuchtersleben, in Wien am 29. April 1806 geboren und am 3. September 1849 dort gestorben, war ein österreichischer Arzt, Lyriker und Essayist. Er prägte den Begriff der „Psychose" in der medizinischen Literatur und gilt als Mitbegründer der Psychosomatischen Medizin.

Wie klein sah's aus und wie bescheiden: Ein Fetzen Holz, ein Klümpchen Blei! Und riss doch eine Welt entzwei, gab einer neuen neue Leiden.
Wie klein sah's aus und wie geringe und macht die Welt dreimal so groß! Die Gottheit wohnt, ein ew'ger Stoß, im dürftigen Gerät und Dinge.

Heinrich Laube

Heinrich Rudolf Constanz Laube (am 18. September 1806 in Sprottau geboren, am 1. August 1884 in Wien gestorben) war deutscher Schriftsteller, Dramatiker, Theaterleiter sowie Mitglied der Frankfurter Nationalversammlung

Durch dich, oh Gutenberg, rollt dem Gedanken ein tausendfaches Echo nach, trompengleich tönt aus der Zelle Schranken, was drin ein Weiser leise sprach! Die Alten trugst du aus den Klöstern, gabst sie der ganzen Welt zu Tröstern, das schlummernd Neue riefst du wach!

Karl Gutzkow

35

Karl Gutzkow (geboren 17. März 1811 in Berlin, gestorben am 16. Dezember 1878 in Frankfurt-Sachsenhausen) war ein deutscher Schriftsteller, Dramatiker, Journalist und bedeutender Vertreter des Frührealismus in Deutschland.

Der Drucker ist ein treuer Diener nicht nur des Einzelnen, sondern der Gesamtheit. Was würde der heutige Stand der Welt ohne ihn sein? Der Drucker ist ein Freund des Gedankens, der Weisheit und der Wissenschaften, der Freund jedes Menschen, der ein Freund der Ordnung ist, der Freund eines jeden, der lesen kann.

Charles Dickens

Charles John Huffam Dickens, (geboren am 7. Februar 1812 in Landport bei Portsmouth, England, gestorben am 9. Juni 1870 auf seinem Landsitz Gads Hill Place in Higham bei Rochester, England) war ein englischer Schriftsteller.

Zu seinen bekanntesten Werken gehören „Oliver Twist“, „Eine Geschichte aus zwei Städten“ und „A Christmas Carol“, uns besser bekannt als die Weihnachtsgeschichte.

utenberg! Unter den Tausenden tausendmal Tausenden, welche deiner Kunst, deiner hehren Erfindung Dank Schulden, ewigen, unvergänglichen Dank, bin auch ich.

Des Weisen Lehre, des Forschers Entdeckung, des Dichters Schöpfung verbreitet über den Erdkreis, und sichert der Mit- und Nachwelt der Gottheit Geschenk durch dich, des Buchdrucks göttliche Kunst.   *Ludwig Bechstein*

utenberg! Sei dankbar gesegnet und deines Geistes Werk, das durch vier Jahrhunderte die Welt belehrt, erfreut, erleuchtet, gottgesegnet wirke es fort.

Nie von der Lüge gemissbraucht, nie von der Rohheit entwürdigt, nie von knechtischer Furcht, blödem Argwohn gefesselt, diene deine Kunst der Wahrheit, der Schönheit, der Freiheit in aller Ewigkeit! Armen   *Ludwig Bechstein*

Ludwig Bechstein, am 24. November 1801 in Weimar geboren und am 14. Mai 1860 in Meiningen gestorben, war ein deutscher Schriftsteller, Bibliothekar, Archivar und Apotheker.

Er ist heute vor allem durch die von ihm herausgegebene Sammlung deutscher Volksmärchen bekannt (u. a. „Deutsches Märchenbuch" und auch „Neues deutsches Märchenbuch").

Die ganze Welt gibt ohne Zögern zu, und es besteht nur eine Meinung darüber, dass Gutenbergs Erfindung das unvergleichlich größte Ereignis ist, das die Weltgeschichte kennt.

Sie schuf eine neue, wundervolle Welt, mit ihr aber auch eine neue Hölle; sie schmückt beide alljährlich schon fünf Jahrhunderte lang mit neuen Tatsachen, neuen Entwicklungsmöglichkeiten und neuen Wundern.

Sie fand die Wahrheit sich mühsam fortschleppen und gab ihr Schwingen; sie fand aber auch Falschheit und Lüge an den Boden gekettet, und auch ihnen schenkte sie ein Flügelpaar.

38

Sie fand die Wissenschaft, wie sie sich verbergen musste und verfolgt ward; sie hat ihr die Freiheit auf dem Lande, dem Wasser und der Luft verschafft und zeigte in ihr der Menschheit höchstes Ziel.

Sie fand den Erfinder gemieden und verachtet und verhalf ihm zur Größe, dehnte sein Reich über den ganzen Erdball aus.

Sie fand den Glauben als strengen Herrn und Unterdrücker, durch sie wurde er der Menschen Freund und Wohltäter.

Sie hat Völker frei gemacht und andere zu Sklaven erniedrigt; sie ist die Erzeugerin und der Beschützer menschlicher Freiheit und hat den Despotismus da möglich werden lassen, wo es ihm früher nicht gelang, sich einzunisten.

Was immer die Welt heute ist, böse und gut zugleich, das hat Gutenbergs Erfindung aus ihr gemacht; denn sie ist die Quelle, aus der alles strömt.

Und so beugen wir uns huldigend vor ihm; denn auch, was ihr Erfinder im Traume zum zürnenden Engel einst sprach, ist in Erfüllung gegangen.

Das Unglück, dass eine großartige Erfindung herbeigeführt hat, ist überreich ausgeglichen durch das Glück, dass das Menschengeschlecht ihr verdankt.

Mark Twain

Mark Twain, (geboren am 30. November 1835 in Florida, Missouri, gestorben am 21. April 1910 in Redding, Connecticut), war ein amerikanischer Schriftsteller. Er ist vor allem als Autor der Bücher über die Abenteuer von Tom Sawyer und Huckleberry Finn bekannt.

Twain war ein Vertreter des Literatur-Genres „amerikanischer Realismus" und ist besonders wegen seiner humoristischen, von Lokalkolorit und genauen Beobachtungen sozialen Verhaltens geprägten Erzählungen sowie aufgrund seiner scharfzüngigen Kritik an der amerikanischen Gesellschaft berühmt.

In seinen Werken beschreibt er den alltäglichen Rassismus; seine Protagonisten durchschauen die Heuchelei und Verlogenheit der herrschenden Verhältnisse.

ie Einführung des Papiers und die Erfindung des Druckes haben das Denken zu einer Weltmacht erhoben.   *Chamberlain*

Houston Stewart Chamberlain, am 9. September 1855 in Portsmouth, England geboren und am 9. Januar 1927 in Bayreuth gestorben, war ein englisch-deutscher Schriftsteller, der in französischer und deutscher Sprache schrieb.

Er war Verfasser zahlreicher populärwissenschaftlicher Werke, unter anderem zu Richard Wagner, Immanuel Kant und Johann Wolfgang von Goethe, mit pangermanischer und antisemitischer Einstellung.

In dem Kranze, der die Stirn und das wellige Goldhaar der Germania beschattet, bedeutet jedes Blatt eine nationale Großtat. Zur Hälfte sind es jene blutigen Siege, zu denen das ganze Volk in seiner Not sich zusammenraffte und die eben darum in erster Linie diesem einen Volke zugute gekommen sind. Zur anderen Hälfte sind es die Friedenswerke jener Einsamen, die Gut und Blut an einen hohen Gedanken gesetzt.

Und unter diesen Taten obenan begrüßen wir die Kunst Johannes Gutenbergs. Völker verbindend, Frieden verheissend,

Albert Johannes Köster, am 7. November 1862 in Hamburg geboren, am 29. Mai 1924 in Leipzig gestorben, war ein deutscher Germanist und Theaterwissenschaftler.

Im Jahr 1882 machte er sein Abitur, 1887 promovierte er und wurde Privatgelehrter in Hamburg, bekam eine Professur an der Universität Marburg und erhielt 1899 einen Ruf als Ordinarius für Neuere deutsche Sprache und Literatur an der Universität Leipzig.

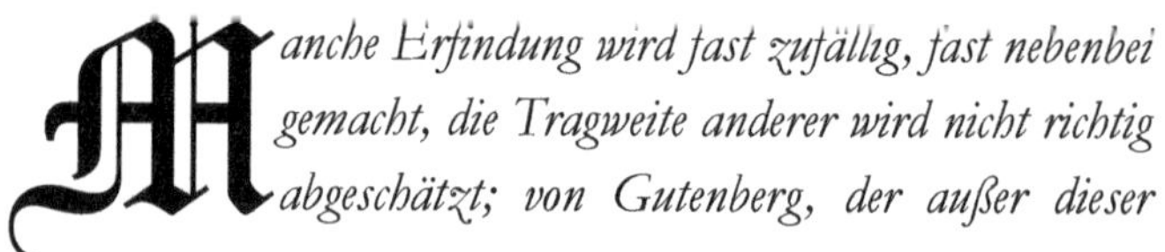

einen weithin leuchtenden kaum eine Spur seines Daseins hinterlassen hat, wissen wir bestimmt, dass er sich bewusst war, seinem Volke, ja, der Welt etwas überaus Großes, Wichtiges gegeben zu haben. Wenn er die Buchdruckerei die „ars divina" nannte, hat er wohl an einen ungeheuren Aufschwung des Geistes geglaubt, den sie veranlassen würde.

Was für ein Ausblick: nicht nur die Geistlichen, nicht nur einige Reiche, die in der Lage waren, sich Bücher abschreiben zu lassen, das ganze Volk, reich und arm, würde lesen. Das Wort der Genien der Menschheit würde in die Hütten der Geringen wie in die Paläste der Großen scheinen. Ob es immer ein mildes, klärendes Licht sein würde? Ob seine Funken auch zünden, als Flamme rasen und verzehren würden?

Alle Folgen, die sich an seine Erfindung knüpfen, hat Gutenberg wohl nicht übersehen; aber man kann annehmen, dass der Mann, der, ungebeugt durch Treulosigkeit und Hinterlist, aufrecht seinen Weg verfolgte, das, was er erdacht hatte, auch ganz durchdachte und dass die Ahnung von Gefahren seiner Gabe ihm den Glauben an ihre heilsame Bedeutung nicht raubte.

An der Schwelle des Absolutismus dachte der adlige Bürger von Mainz an die Kräfte, die im Schoße des arbeitenden Volkes schlummern und die ein Gotteswort keimen und siegreich ans Licht wachsen lassen kann.

Ricarda Huch

Ricarda Octavia Huch ist am 18. Juli 1864 in Braunschweig geboren und am 17. November 1947 in Schönberg im Taunus gestorben.

Sie war deutsche Schriftstellerin, Philosophin und Historikerin, die als eine der ersten Frauen im deutschsprachigen Raum im Fach Geschichte promovierte.

Ricarda Huch schrieb Romane und historische Werke, die durch einen konservativen und gleichzeitig unkonventionellen Stil geprägt sind.

Mögen rückschauende Feinschmecker und gefühlvolle Sammler den Hingang der Schriftmalereien und Bildkünste des Buchstabens beweinen; ernstliche Gründe zur Trauer liegen schon deshalb nicht vor, weil durch den Sieg des Buchstabens die freihändige Zierschrift keineswegs getötet, sondern nur von der Fron des Alltags entflichtet und zu einem festtäglichen Dasein erst recht befreit worden ist.

Karl Vossler

44

Karl Vossler (geboren am 6. September 1872 in Hohenheim, gestorben am 18. Mai 1949 in München) war ein deutscher Literaturhistoriker, Danteforscher und einer der bedeutendsten Romanisten der ersten Hälfte des zwanzigsten Jahrhunderts.

Die alte Handschrift war ein Eigenwesen, das nur einmal in begrenzter, vornehmer Sippe da war, ein kostspieliger Reiter, der sich nicht allzuviel aussetzen durfte. Das gedruckte Buch war nur ein Teil einer gleichen grauen Masse, ein Lanzknecht, den man nicht zu schonen brauchte, der die Schlacht gewann durch unzerstörbares Nachdrängen.

Die Handschrift, in mühseliger Arbeit geschrieben, siegte immer über die Dichtung, das kunstvolle Malen von Wort zu Wort gab selbst der zähesten Persönlichkeit des Schreibers Zeit zum Flüssigwerden und Einströmen.

Die Schwarze Kunst befreite nun auch den Dichter in der Dichtung. So war sie, so wurde sie hundertfach gewerklich übertragen, kein Schreiber konnte an sie rühren. Unmassen literari-

45

scher Kraft wurden frei und stürmten auf das Volk ein. Da gab es kein Verweilen und kein Versenken mehr, keine Beschränkung und keinen Mangel.

Buch und Schrifttum, Bildung und Wissenschaft schöpften aus dem ersten gedruckten Denkmal einen neuen Sinn. Sie wurden Gemeingut wie Luft und Sonne. *Josef Nadler*

Josef Nadler wurde am 23. Mai 1884 in Neudörfl bei Reichenberg, Österreich-Ungarn geboren und starb am 14. Januar 1963 in Wien.

Er war ein österreichischer Germanist und Literaturhistoriker, der insbesondere zur Zeit des Nationalsozialismus als Protagonist einer „neuen nationalsozialistischen Dichtung" bekannt wurde.

Wegen seiner Aktivitäten zur Zeit des Nationalsozialismus wurde er 1945 außer Dienst gestellt, und 1947 erfolgte seine Pensionierung.

Es folgte ein Streit um seine Rehabilitierung, und dadurch wurde Josef Nadler zu einer Leitfigur des sich neu formierenden deutsch-nationalen Lagers in Österreich.

Johannes Gutenberg du wolltest keinen Atemzug geschenkt und keine Freuden ohne Mühen haben. Doch hast du deine reichen Gegengaben mit keinem Wort den Menschen aufgedrängt. Für dich war jeder Tag gleich einem Staben, der seine Prägung erst von dir empfängt. Und wer den Blick auf jener Zeilen lenkt, ließ deine Tat unlöschbar eingegraben. Du hast in dir zur Flamme angefacht den roten Funken, der in allen glimmt, und lohst als Fackel in die dunkle Nacht, von der, dank dir, die Menschheit Abschied nimmt. Und als am Schluss das Feuer dich verzehrte, sprang mit dem Wind es um die ganze Erde.   *Wilhelm Jakob Wagner*

Ferdinand Wilhelm Wagner (geboren am 14. April 1899 in Eisleben, gestorben am 26. Februar 1976 in Goslar) war ein deutscher Chirurg und Hochschullehrer.

Die Laudatoren/in in der Übersicht, nach Geburtsjahr
sortiert:

1457 - Sebastian Brant

1459 - Conrad Celtis

1469 - Erasmus - v - Rotterdam

1470 - Guillaume Fichet

1483 - Martin Luther

1497 - Philipp Melanchthon

1587 - Joost van den Vondel

1597 - Martin Opitz

1604 - Friedrich von Logau

1626 - Sigmund von Birken

1640 - Adrian Beier d.J.

1644 - Abraham a Sancta Clara

1654 - Christoph Weigel

1700 - Johann Christoph Gottsched

1719 - Johann Gottlob Immanuel Breitkopf

1740 - Giambattista Bodoni

1742 - Georg Christoph Lichtenberg

1744 - Johann Gottfried Herder

1749 - Johann Wolfgang von Goethe

1753 - Johann Friedrich Unger

1786 - Wilhelm Carl Grimm

1802 - Victor Hugo

1805 - Adalbert Stifter

1806 - Freiherr von Feuchtersleben

1806 - Heinrich Rudolf Constanz Laube

1811 - Karl Gutzkow

1812 - Charles Dickens

1831 - Ludwig-Bechstein

1835 - Mark Twain

1855 - Houston Stewart Chamberlain

1862 - Albert Köster

1864 - Ricarda Huch

1872 - Karl Vossler

1884 - Josef Nadler

1899 - Ferdinand Wilhelm Wagner

Der Autor

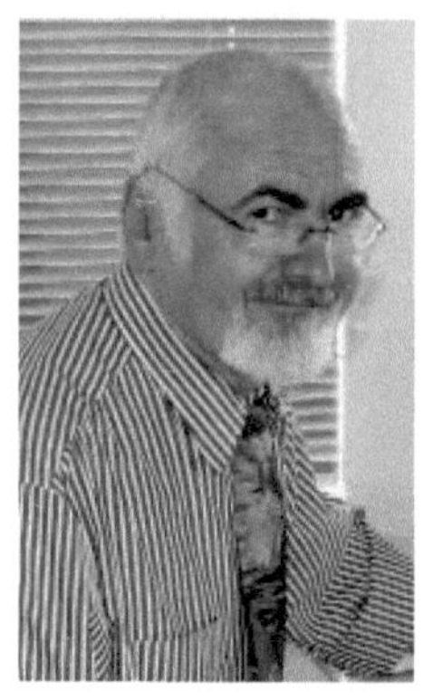

Dieter Seppelt, Jahrgang 1946, war über 45 Jahre im grafischen Gewerbe tätig.

Begonnen als Schriftsetzer hat er im Foto- und weiter im Computersatz bis hin zur elektronischen Bildbearbeitung alle Facetten der Schwarzen Kunst kennen gelernt und möchte mit seinen Büchern sein Wissen an die Nachwelt weiter vermitteln.

Dieter Seppelt lebt mit seiner Familie in Leipzig, wo er auch ehrenamtlicher Mitarbeiter im Druckkunstmuseum ist und Handsatz-Workshops für Kinder, Jugendliche und Kunststudenten betreut.

Folgende Bücher vom gleichen Autor sind ebenfalls im Verlag Books on Demand erschienen und überall im Buchhandel erhältlich:

Die Bleilaus stirbt nie aus
Paperback
64 Seiten
ISBN-13: 9783735778314

Lead lice liked letterpress
(„Die Bleilaus stirbt nie aus" in englischer Sprache)
Paperback
64 Seiten
ISBN-13: 9783753453613

Der eiserne Kollege
Paperback
72 Seiten
ISBN-13: 9783757824655

Ich, der Alois
Hardcover
144 Seiten
ISBN-13: 9783757853433